27
10541

BIOGRAPHIE

DE

JEAN-PAUL

PUBLIÉE

PAR LES RÉDACTEURS DE L'ASPIC

au Bénéfice de sa Veuve.

TOULOUSE,
IMPRIMERIE DE J. DUPIN, RUE DE LA POMME, 14.

Avril 1841.

NOTICE BIOGRAPHIQUE

SUR

L'ACTEUR JEAN-PAUL.

Le théâtre de Toulouse vient de faire une perte qui sera longtemps irréparable. Jean-Paul, notre premier comique de vaudeville, a succombé aux douleurs d'une phthisie pulmonaire dont il était atteint depuis un an. La mort de cet artiste, qui jouissait à juste titre de l'estime et de l'affection du public, laisse un grand vide dans notre troupe. Nous sommes persuadés qu'on trouvera difficilement un sujet qui puisse remplacer l'acteur que nous regrettons.

Maintenant les vœux, les désirs, les larmes sont inutiles; la mort ne rend jamais sa proie, et le pauvre Jean-Paul ne vivra plus parmi nous que par le souvenir.

Aussi avons-nous cru faire une bonne action et adoucir l'amertume des regrets de ses nombreux amis, en donnant une esquisse de sa biographie.

Les notes que nous avons pu recueillir, nous les devons aux confidences de quelques intimes, que nous n'avons osé trop interroger, dans la crainte d'augmenter leur affliction. Ces notes, nous les livrons au public telles qu'on nous les a transmises, sans autre but que celui d'être utiles à sa veuve inconsolable, à ses quatre enfans désormais orphelins.

On chercherait inutilement dans la vie d'un artiste dramatique les nombreuses péripéties qui agitent ordinairement les hommes qui vivent sans cesse en lutte avec les exigences du public. La vie de l'artiste se consume entière sur les planches de son théâtre; la scène est pour lui un champ de bataille où il combat chaque jour sous les yeux du parterre, qui, vrai despote, souvent capricieux, dispense les applaudissemens, les huées et les couronnes. Hors du théâtre, l'acteur redevient homme privé; ses occupations continuelles lui font presque un devoir de vivre isolé dans le sein de sa famille, qui résume pour lui le monde, la société, les plaisirs.

Jean-Paul doit être classé parmi ces acteurs de mérite qui savent se respecter, et ne sont comédiens que sur la scène. Sa carrière dramatique a été assez uniforme, quoique embellie par des couronnes, des ovations et des succès péniblement mérités.

L'acteur que nous avons accompagné, le 14 avril, à sa dernière demeure, était encore à la fleur de l'âge.

Né à Paris, en 1801, d'un père allemand d'origine, Jean-Paul Kauffman exerça, pendant les premières années de sa vie, l'humble profession de passementier, héréditaire dans sa famille. Au commencement de son adolescence, il quitta la capitale pour chercher en province une plus grande extension de son industrie, et des moyens plus rapides pour parvenir à une honnête aisance. Il s'arrêta à Bordeaux, où il ne tarda pas à se faire, par son travail, une position assez heureuse.

Bientôt Jean-Paul Kauffman se fit remarquer parmi les nombreux ouvriers de l'atelier, par sa gaîté, par sa facilité à apprendre les chansonnettes. Il fréquentait le théâtre avec une sorte de passion ; le spectacle avait pour lui des attraits irrésistibles ; il cédait, sans s'en douter, à l'influence de sa vocation artistique ; il était né pour le théâtre, et nous le verrons bientôt applaudi, fêté par les Bordelais.

Quelques jeunes gens de Bordeaux, parmi lesquels se trouvait l'élite des ouvriers, jouaient alors la comédie bourgeoise dans une maison particulière. Jean-Paul Kauffman se fit admettre au nombre des acteurs ; il obtint en peu de temps un succès inouï. Ses camarades, dans un premier mouvement d'enthousiasme, lui conseillèrent d'entrer au théâtre. Jean-Paul Kauffman, qui depuis longtemps se sentait entraîné par une impulsion qu'il ne pouvait plus réprimer, céda, avec une sorte d'empressement, aux avis, aux sollicitations de ses amis ; il demanda à jouer sur le Théâtre-Français, et reçut aussitôt l'autorisation du directeur. La première représentation fut annoncée ; ses amis l'encouragèrent en lui promettant leur puissant concours ; et Jean-Paul, surmontant alors sa timidité naturelle, consentit à jouer. Il réussit complètement dans ce début, et son succès fut si réel, que le directeur s'empressa de l'engager ; Jean-Paul devint le soir même un de ses pensionnaires ; il s'était levé passementier, il se coucha comédien.

Ce premier triomphe l'enhardit, raffermit son

courage ; il travailla sans relâche, et devint, après quelques mois d'exercice, comique chéri des Bordelais.

Jean-Paul, pendant qu'il exerçait la modeste profession de passementier, voyait souvent une jeune marchande de modes. Ses relations avec Jeanne Guérin devinrent de jour en jour plus intimes, et aussitôt que son admission au théâtre lui garantit des ressources suffisantes pour les besoins d'un ménage, Jean-Paul épousa la jolie modiste qu'il aimait depuis un an.

Cette union fut des plus heureuses. Applaudi sur le théâtre, Jean-Paul trouvait en rentrant chez lui le bonheur et les plaisirs de la famille. Déjà père d'un garçon, il espérait continuer sa carrière à Bordeaux, où cinq années d'applaudissemens lui garantissaient de nouveaux succès, lorsque des changemens survenus au théâtre le forcèrent à contracter un engagement pour Toulouse.

Jean-Paul parut pour la première fois sur le Théâtre du Capitole en 1831 ; M. Duval était alors directeur ; il sut apprécier le mérite de son nouveau pensionnaire, qui créa plusieurs rôles où il déploya sa verve comique et sa *niaiserie* si naturelle. Qui de nous ne se souvient pas du *Chevreuil*, d'une *Passion*, de *Prosper et Vincent*, de la chansonnette *les Cornichons*, et de plusieurs autres vaudevilles déjà vieux dans les annales du répertoire ?

La réputation de Jean-Paul sera longtemps populaire à Toulouse. Cet acteur excellait surtout dans les rôles d'ouvriers ; il parlait au peuple, il se fesait comprendre de lui, il traduisait fidèlement ses mœurs et ses impressions. Aussi chaque dimanche la salle du Théâtre des Variétés était-elle trop étroite pour contenir les nombreux spectateurs qui venaient des faubourgs pour entendre leur acteur de prédilection. Nous avons assisté souvent à ces solennités théâtrales, nous avons été témoins des succès de Jean-Paul, nous avons entendu les bravos, nous avons vu les couronnes tomber à ses pieds.

Jean-Paul aimait par-dessus tout le séjour de Toulouse, qui était en quelque sorte sa seconde patrie; il croyait ne jamais quitter son parterre chéri, lorsque des mutations, survenues dans le personnel de la troupe pendant la dernière année de la direction Duval et Lafeuillade, le mirent dans la nécessité de chercher un engagement ailleurs. Il choisit Bordeaux, où il avait débuté si heureusement. Il partit plein de confiance en son talent, et sûr d'ailleurs des suffrages des Bordelais qui l'avaient applaudi tant de fois.

Mais à peine arrivé, un cruel désenchantement détruisit toutes ses espérances. Il était parti de Toulouse avec un engagement de premier comique dans le vaudeville; il trouva l'emploi occupé par un autre acteur, et le directeur des deux théâtres lui offrit en dédommagement le rôle de trial. Jean-Paul hésita plusieurs jours avant d'accepter; il se méfiait de sa voix, et il ne consentit à signer un engagement qu'après avoir longtemps réfléchi aux devoirs que lui imposaient les besoins de sa famille. Il parut donc sur le Grand-Théâtre de Bordeaux, et ses trois épreuves ne furent pas heureuses.

Il se trouvait sans emploi, pensant toujours à

Toulouse où il espérait revenir, lorsque M. Berdoulat, son ami, lui écrivit s'il consentirait à quitter Bordeaux, et à reparaître sur le théâtre de ses succès; la réponse fut affirmative. M. Berdoulat mit dès lors tout en œuvre pour obtenir le rappel de Jean-Paul. Il recueillit 3500 signatures qu'il présenta à M. Soumet, successeur de MM. Duval et Lafeuillade. Une manifestation si unanime, si spontanée, ne pouvait manquer de produire l'effet qu'on en avait attendu. M. Soumet promit de réengager Jean-Paul, qui revint aussitôt à Toulouse.

En attendant la fin de l'année théâtrale, Jean-Paul, pour subvenir aux besoins de sa famille, alla en représentation. Il joua dans les villes voisines. A Castres, à Alby, à Montauban, il obtint un succès d'enthousiasme, et ses représentations furent presque autant de fêtes.

Réintégré enfin sur son théâtre chéri, rendu à la sympathie des Toulousains, à l'enthousiasme de l'intelligente population de nos faubourgs, Jean-Paul fit une rentrée triomphale; des applaudissemens unanimes lui prouvèrent qu'une année d'absence n'avait diminué en rien l'estime et l'affection de ses amis, de ses nombreux partisans.

A dater de cette époque, Jean-Paul continua, comme par le passé, à se rendre de plus en plus digne des applaudissemens du parterre. Il créa de nouveaux rôles, et on remarqua que son talent se perfectionnait de jour en jour. Dans *Bruno le Fileur*, dans *la Maîtresse de Langues*, dans *les Enfans de Troupe*, il fit preuve à la fois de verve et d'intelligence. Il étudiait consciencieusement tous ses rôles, et les moindres nuances échappaient rarement à sa perspicacité, à ses études, toujours dirigées par un sens droit et une parfaite connaissance de la scène. Jean-Paul se multipliait pour ainsi dire dans les divers rôles qu'on lui confiait. Il jouait tour à tour les Odry, les Vernet, les Arnal et les Bouffé. Nous ne dirons pas qu'il excellait également dans ces divers rôles; mais nous pouvons affirmer que nous ne l'avons jamais trouvé en dessous des acteurs de Paris qui ont joué sur notre théâtre. Quel naturel il déployait dans le rôle de *Couturier!* on ne voyait plus l'acteur, mais l'ouvrier laborieux, l'ouvrier aimant à se mettre en goguette avec le modeste salaire de son travail. Quelle gaîté! quelle facétie! lorsqu'il dansait la *cachucha française* dans *la Maîtresse de Langues*; et *Trimm!* dans *les Enfans de Troupe*.... *Trimm!* la dernière création du pauvre Jean-Paul.... Ceux qui fréquentent le théâtre se souviennent encore combien il fut applaudi à la première représentation. Rappelé à la fin de la pièce, applaudi avec frénésie, Jean-Paul reçut, comme Bouffé à Paris, une honorable ovation.

Hélas! ce triomphe a été le dernier! la création du rôle de *Trimm* a clôturé la carrière dramatique de Jean-Paul. Atteint depuis longtemps d'une phthisie pulmonaire dont il se dissimulait les rapides progrès, Jean-Paul a d'abord lutté avec courage et énergie contre le mal; le souvenir de sa famille doublait ses forces qui ont fini par s'épuiser, et une longue maladie a compromis dangereusement les jours de notre comique. Cependant les symptômes funestes se dissipèrent, et après une longue convalescence Jean-Paul reparut sur le *Théâtre des Variétés.* Il joua le *Gamin de Paris*, et cette fois encore les applaudissemens, les sympathies du public ne lui firent pas défaut. Il donna plusieurs représentations, et tout nous laissait espérer que son rétablissement ne serait point suivi d'une cruelle rechute. Mais nous ignorions que le digne acteur sacrifiait à sa famille la vigueur, l'énergie factice qu'il puisait dans sa force d'âme; le glaive usait rapidement le fourreau, et au moment où nous nous y attendions le moins, une seconde maladie, plus terrible que la première, est venue nous ravir Jean-Paul. Cette fois, les symptômes ont été effrayans dès le commencement, et les médecins ont déclaré qu'il n'y avait point de remède. Les courts intervalles d'un rétablissement factice n'ont servi qu'à prolonger l'illusion de sa famille. Cette dernière lueur d'espérance n'a pas tardé à s'éteindre, et le pauvre Jean-Paul s'est couché pour toujours sur son lit de mort.

Son genre de maladie, qui laisse à ceux qui en sont atteints toute leur lucidité, lors même qu'elle achève de ruiner les forces vitales, lui permit d'entrevoir sa fin très prochaine. Cette effrayante conviction n'abattit pas son courage. Bien différent de quelques soi-disant esprits forts, il a demandé à la religion catholique les consolations qu'elle prodigue à l'homme à son heure dernière.

M. Berdoulat, vicaire de Saint-Sernin, a été appelé près du mourant. A leur première entrevue, le prêtre et le comédien se sont compris: le prêtre a vu dans le comédien un homme de bien qui désirait ardemment obtenir le pardon de ses égaremens de jeunesse; le comédien a vu dans le confesseur un consolateur, un frère qui venait lui préter secours pour franchir le terrible passage de cette vie à l'éternité. Jean-Paul a reçu tous les sacremens, et à son dernier soupir une seule pensée l'affligeait ; il pensait à ses quatre enfans qu'il laissait orphelins : — Mon Dieu ! s'écriait-il, protégez mes pauvres enfans ! — Il est mort en prononçant ces paroles ; et tous ceux qui se trouvaient près de son lit de mort n'ont pu retenir leurs larmes.

La religion catholique devait les honneurs de ses cérémonies funèbres au pauvre Jean-Paul, mort entre les bras d'un de ses ministres. Aussi le digne prêtre qui l'avait administré s'est-il empressé de l'accompagner à sa dernière demeure.

Mercredi matin, une foule immense se pressait sur l'allée Lafayette, devant la maison du défunt ; plus de mille personnes ont voulu faire partie du cortége. Tous les acteurs, des étudians, les membres des loges maçonniques et les amis particuliers de Jean-Paul, ont assisté au service funèbre dans l'église Saint-Sernin.

Arrivé au cimetière, au bord de la tombe qui allait engloutir sa proie, M. l'abbé Berdoulat, se voyant environné de plusieurs personnes attachées au théâtre, a saisi cette occasion pour leur dire que l'église leur tend les bras comme à ses autres enfans ; que l'arrêt d'excommunication qui a longtemps pesé sur les comédiens sera levé dès qu'ils reviendront sincèrement à la religion catholique.

Messieurs,

Excusez si je viens, par quelques paroles, interrompre le silence qui semblerait seul convenir après cette lugubre cérémonie ; mais quelque chose me presse de parler : c'est mon cœur ; il ne peut contenir la vive émotion qu'il éprouve, il faut qu'il la répande devant vous. Cet ami qui vous est mort, et que vous pleurez, fut aussi mon ami. Sans me connaître, il me fit appeler auprès de son lit de douleur ; j'accourus à son premier cri, je le considérai un moment, et, à travers son regard, je crus apercevoir une belle âme ; il me considéra à son tour, et il s'écria : *Monsieur, nous nous sommes devinés !* (historique). Dès lors, nos deux cœurs furent unis ; il épancha toute son âme dans la mienne ; il déclarait qu'il était heureux de me voir, et, pour moi, je le déclare, je ne languissais jamais tandis que j'étais assis au chevet de sa couche. Il s'étonnait de voir, en si peu d'instans, se former des liens aussi étroits. Je n'aurais jamais cru, disait-il, *qu'un homme de votre caractère pût jamais sympathiser avec un homme de ma condition.*

Mes frères, il était dans une grave erreur. La religion sympathise avec tous ceux qui la réclament ; à quelque heure que vous invoquiez son secours, elle vous députera un de ses ministres, et, au jour de la douleur et de l'adversité, il sera, nous serons vos amis, tandis que vous vous verrez abandonnés de tous ceux qui se qualifiaient de ce titre aux jours du succès et de la fortune. . . . .
. . . .

M. Jean-Paul avait une grande vénération pour elle (la religion). Son âme était naturellement pieuse ; aussi il déclarait n'estimer, dans sa vie, que les premières années de l'enfance passées dans le sanctuaire, alors que, vêtu de la robe de lin, il s'employait au service des saints autels, et ne faisait servir sa voix naïve qu'à chanter les louanges du Seigneur dans son temple ; et puis, les derniers jours qu'il a passés sur la terre, il vit approcher sa fin avec courage ; la piété le soutenait. Je ne saurais vous dire, Messieurs, combien elle était vive, alors surtout qu'il lui fut donné de recevoir son créateur. Jésus-Christ ; Messieurs ! qu'à ce nom sacré toutes les têtes s'inclinent ! oui, Jésus-Christ l'a visité dans sa demeure ; il est entré dans son cœur ! Dès lors, ses yeux furent sans cesse tournés vers le ciel, et moi je versais des larmes de douleur et de consolation, et je bénissais le Seigneur en le voyant reprendre son empire dans une âme qu'il avait autrefois comblée de toutes ses bénédictions.

Et voilà pourquoi la religion a voulu présider à ses funérailles, lui rendre les derniers honneurs et confier à la terre sa dépouille mortelle ! Et voilà pourquoi je suis venu moi-même répandre sur sa tombe des prières avec des pleurs !

Messieurs, que cette touchante cérémonie nous instruise ! Permettez à un jeune prêtre, permettez à un jeune homme, de vous faire une grave leçon. Je suis sur une terre sainte ; mon caractère me force, dans cette circonstance, de faire tomber sur vos cœurs des paroles saintes que vos oreilles ne sont pas accoutumées à entendre, car il y a peu d'élus parmi vous.

Voyez-vous cette fosse ouverte à mes pieds ? Voilà où vient s'engloutir toute la gloire de ce monde ; jetez-y le fruit de vos triomphes, ces couronnes acquises à la sueur de votre front, elles seront bientôt fanées ; il n'est ici aucun écho pour répéter le bruit de vos applaudissemens. Et l'homme est assez insensé que de passer toute sa vie à rechercher honneurs, richesses et plaisirs ! et il néglige le soin de son âme, de cette âme, la plus noble partie de nous-même ; de cet âme, qui est sortie de Dieu et qui doit revenir à Dieu ! Il s'efforce d'être honoré, et il ne fait rien pour se mettre à couvert de la honte accablante, qui couvrira le coupable au terrible tribunal devant lequel nous avons tous à comparaître ! . . . .
. . . .

Messieurs, je conclus par cette parole, que je vous prie de bien retenir : Respectez la religion ; gardez-vous bien de rien dire, de rien faire qui puisse l'exposer aux blasphèmes et au mépris des peuples. La religion ! elle seule peut faire notre bonheur en ce monde ; elle seule nous garantit contre une malheureuse éternité !!

Les graves paroles du vicaire de Saint-Sernin ont été écoutées avec un pieux recueillement ; elles ont même produit une profonde sensation. Ce jeune prêtre a prêté à la religion dont il est l'organe, des paroles de paix, d'amour et de consolation ; c'est le véritable moyen de ramener au giron de l'église ceux de ses enfans qui s'en sont éloignés momentanément.

M. Rey, au nom de la loge maçonnique qui depuis plusieurs années comptait Jean-Paul au nombre de ses membres, a aussi prononcé une petite oraison funèbre que nous croyons devoir rapporter en entier.

« O fragilité des choses humaines ! tout s'anéantit, tout succombe sous la puissance immuable de l'Eternel ! Tout ce que l'homme possède ici-bas, bonheur, fortune, talens, tout cela n'est qu'un vain mot, tout cela ne fait que passer dans le monde et disparaître ensuite comme une ombre.

» La mort nous a ravi, dans ce jour funeste, un de nos plus tendres frères, et c'est dans ce lieu triste et lugubre que nous venons déposer celui qui, naguère encore, était l'objet de notre vive affection. Le voilà, reposant dans cette tombe qui doit l'ensevelir à jamais, celui qui, par ses talens et son caractère plein de franchise, était devenu l'enfant chéri de nous tous ! Que nous reste-t-il maintenant de lui ? Rien...... ou plutôt un peu de poussière et le souvenir de sa vie passée.

» Mais, ô notre digne ami ! notre frère ! si ta dépouille mortelle revient dans le sein de la terre, éternelle demeure des hommes, nous conserverons toujours ces précieux souvenirs de tes nobles vertus ; car nous te rendons ce solennel hommage, tu les possédais toutes : Bon époux, tendre père, ami sincère et dévoué, citoyen désintéressé, bon *maçon* (personne mieux que toi n'avait compris la sublimité de notre institution, aucun autre plus que toi n'était attaché de cœur à tous ses frères).

» Quelle patience et quelle fermeté d'âme n'as-tu pas toujours montré dans ta longue et douloureuse agonie ! quelle résignation à ton heure dernière ! Tu as vu paraître la mort et tu n'as point frémi ! le repos de ta conscience pure te l'a faite envisager sans crainte et sans effroi ! La seule pensée amère, sans doute, qui a pu t'affliger, c'est de te séparer d'une vieille mère, d'une épouse chérie et de tes intéressans enfans, dont tu étais le seul appui, le seul soutien ! Mais que ton ombre n'éprouve aucune inquiétude ! console-toi, digne et vertueux père, tes nombreux amis, les compagnons de tes travaux, tes frères, se feront un devoir de veiller sur eux, de leur prodiguer les secours et les consolations qu'ils méritent si bien ; enfin, de leur servir de père !

» Pour nous, mes frères, puisons dans ce triste et déplorable événement une salutaire leçon ; imitons les exemples qui nous ont été donnés par notre ami ; suivons constamment ce noble précepte qu'il observait si religieusement : *Fesons le bien, évitons le mal ;* et avec lui nous nous reverrons un jour au sein du G∴ A∴ de l'univers.

» Et toi, repose en paix ; entends tes frères, la douleur dans le cœur et les larmes dans les yeux, te dire, pour la dernière fois : Adieu, digne frère, adieu ! »

M. Tiste, qui avait accepté la pénible mission de représenter nos artistes dramatiques, voulait aussi prononcer quelques paroles avant que la tombe se fermât sur les restes inanimés de son camarade, de son ami. Le mauvais temps, la foule qui obstruait le passage, l'en ont empêché. Nous nous fesons un devoir de livrer à la publicité les adieux de M. Tiste.

Messieurs,

La cérémonie qui nous réunit dans cette triste enceinte, doit faire naître en nous de grandes et sérieuses réflexions. La mort!!.... ce mot, qui fait frémir le coupable, peut être une idée consolante pour l'homme juste, tel que l'était notre bon camarade Jean-Paul. Si les biens de ce monde ont été son partage, c'est le moment solennel d'en faire éclater sa reconnaissance à l'auteur de la nature ! Le malheur l'a-t-il sans cesse poursuivi ? l'espérance d'en trouver le terme, et de se reposer dans le sein d'un Dieu juste et rémunérateur, la lui fera considérer comme une récompense des maux qu'il a soufferts ici-bas. L'homme de bien ne peut redouter la mort sans calomnier la divinité : qui s'endort dans les bras d'un père ne doit pas craindre le réveil !

Nous pleurons sur le sort de notre brave camarade, que l'impitoyable mort vient de nous enlever ! Peut-être, dans une région plus heureuse, il gémit sur nos misères !

Enfin, Messieurs, qui sait si l'homme ici-bas n'est point un esclave que la mort rend à la liberté? qui sait si vivre n'est pas mourir, et si mourir n'est pas vivre? Dans cette hypothèse hasardée, mais possible, je crois entendre notre bon camarade Jean-Paul nous crier : Mes amis, ne pleurez pas sur moi, je suis arrivé au terme du voyage pour lequel vous êtes tous en route; mais je vous recommande ma veuve infortunée et mes quatre pauvres orphelins. Si j'ai laissé quelques souvenirs parmi vous, si vous voulez dignement honorer ma mémoire, tendez-leur une main secourable, et ma félicité ne sera point troublée.

Adieu, Jean-Paul, adieu, bon et brave camarade, dors en paix du sommeil du juste, tes vœux seront accomplis !

Quant à nous qui tant de fois avons signalé dans nos colonnes, les succès, les ovations de Jean-Paul, il nous restait un devoir à remplir. Nous n'avons pas voulu laisser ignorées et inaperçues les circonstances de la vie d'un homme qui pendant plusieurs années a travaillé pour nos plaisirs.

Nous avons écrit cette notice biographique rapidement, sous l'inspiration de la douleur que nous éprouvons. Puisse sa veuve y trouver un moyen de consolation! Puissent ses enfans, s'ils lisent plus tard ces quelques lignes, marcher sur les traces de leur père !

Et toi, Jean-Paul! reçois ce dernier adieu, qui, nous l'espérons, trouvera de nombreux échos dans les cœurs de tes amis. Adieu, Jean-Paul-*Couturier*! adieu, *Pécherel l'Empailleur*! adieu *Trimm!* Le Théâtre des Variétés sera longtemps dans le deuil, et la place que tu occupais restera vide peut-être pendant plusieurs années.

Les Rédacteurs de l'Aspic.

www.ingramcontent.com/pod-product-compliance
Lightning Source LLC
Chambersburg PA
CBHW061619040426
42450CB00010B/2560